Vous êtes sceptique ? Ce livre est pour vous ! Rebecca McLaughlin a le chic pour poser exactement les grandes questions que beaucoup d'entre nous se posent. Elle se fraye un chemin à travers les idées fausses qui entourent souvent le message chrétien et démontre de manière convaincante pourquoi l'idée que Dieu a visité notre planète est loin d'être une pure fantaisie du genre *Star Wars* ou *Harry Potter*.

John Lennox
Professeur émérite de mathématiques (université d'Oxford)
Auteur de La science peut-elle tout expliquer ?
et Coronavirus : où est Dieu ?

Ce petit livre opère un grand nettoyage ! Il purifie la représentation de la venue au monde de Jésus d'un tas d'additions folkloriques de chrétienté qui n'ont pas de fondement dans les textes. Il montre le peu de poids des objections qui en imposent à plusieurs. Il éclaire la portée des faits. Bravo et merci !

Henri Blocher
Doyen honoraire de la Faculté Libre de Théologie
Évangélique de Vaux-sur-Seine

Quel merveilleux cadeau ! Avec ce petit livre, vous saurez pourquoi nous pouvons quitter le monde de l'enfance tout en continuant de croire en Noël. Il accompagnera parfaitement vos envois de cartes de Noël.

Peter Williams
Auteur de Les Évangiles sont-ils fiables ?

Le récit de Noël n'est pour vous qu'un conte pour enfants ? Alors, je vous recommande vivement de lire ce livre !

Russell Cowburn
Professeur de physique expérimentale
à l'université de Cambridge

Un superbe survol de la véracité et du sens de la venue de Jésus sur terre. Ce livre, remarquable de par sa brièveté et sa clarté, est à mettre entre les mains de tous les curieux de cette histoire.

Florent Varak
Pasteur, enseignant à l'Institut Biblique de Genève et blogueur sur Toutpoursagloire.com

Vous lirez facilement *Noël : peut-on vraiment y croire ?* Il défend de manière limpide l'historicité des Évangiles et de Jésus, et en souligne les enjeux cruciaux. L'auteure développe ces thèmes en choisissant d'expliquer la signification de Noël. Cela ne rend ses arguments que plus intéressants et plus abordables. Une excellente idée de cadeau !

Timothy Keller
Auteur de La raison est pour Dieu

Il y a tout ce que j'aime dans ce livre : histoire, apologétique, philosophie, sciences... tout cela avec des références de culture populaire. Par une démonstration habile et passionnée, Rebecca McLaughlin nous montre au travers de différents thèmes comment Noël, la venue de Christ et son œuvre sur la terre sont au cœur de l'histoire de l'humanité. J'ai déjà en tête plusieurs personnes à qui je vais l'offrir sans aucune réserve.

Samuel Laurent
Psychologue, blogueur sur Toutpoursagloire.com

Le père Noël n'existe pas. Mais Noël existe et c'est le début de la plus grande et de la plus belle histoire d'amour. Si vous ne le savez pas, osez lire le livre de Rebecca McLaughlin. En quelques pages elle donne des éléments essentiels pour comprendre cette histoire racontée par les quatre Évangiles en un quatuor divin... et toutes les raisons d'y croire et de vivre cette si grande, cette si belle histoire d'amour !

Vincent Rebeillé-Borgella
Médecin, ancien secrétaire général du principal syndicat de médecins généralistes, auteur du Petit manuel d'éthique *et de* Un médecin face à la peur de la mort

Court, mais qui va droit au but. Perspicace et toujours avec à-propos. Le livre de Rebecca McLaughlin répond parfaitement aux questions des sceptiques, tant d'un point de vue de la pensée que des émotions. Elle s'adresse à la fois à leur esprit et à leur cœur. C'est exactement le genre d'apologétique adaptée à nos contemporains. Tout à fait ce dont notre culture a besoin aujourd'hui. Une défense de la foi judicieuse et agréable à lire. Ouvrez ce livre, lisez-le et offrez-le !

Julius Kim
Président de The Gospel Coalition

Rebecca McLaughlin a encore frappé ! Sans présupposé, elle explique pourquoi et comment, à travers l'histoire de Noël, nous accédons aux vérités les plus profondes de l'Évangile. Son argumentaire est court, mais convaincant. Un livre que je recommande chaudement.

Dane Ortlund
Pasteur et auteur de Doux et humble de cœur

REBECCA McLAUGHLIN

NOËL

PEUT-ON VRAIMENT Y CROIRE ?

QUATRE QUESTIONS INCONTOURNABLES SUR L'HISTOIRE LA PLUS CONNUE AU MONDE

blféditions

Édition originale publiée en langue anglaise sous le titre :
Is Christmas Unbelievable ? • Rebecca McLaughlin

The Good Book Company Limited
Blenheim House, 1 Blenheim Road
Epsom, Surrey, KT19 9AP, Royaume-Uni

Édition publiée en langue française :
Noël : peut-on vraiment y croire ? • Rebecca McLaughlin

Rue de Maubeuge, 59164 Marpent, France

Traduction : E2m • entre2mondes@gmx.ch
Couverture : NouvelleCreation [Original : André Parker]
Mise en page : NouvelleCreation
Impression n° N09207221002 • SEPEC Numérique, 1 rue Prony, 01960 Péronnas, France

ISBN 978-2-36249-645-5 broché
ISBN 978-2-36249-646-2 numérique

Dépôt légal 4e trimestre 2021
Réimprimé en octobre 2022

Index Dewey (CDD) : 239
Mots-clés : 1. Apologétique. Christianisme.
2. Nativité.

PEFC 10-31-3532

Table des matières

Pour Carrie, parce que...
« même les athées aiment les crèches de Noël » !

Introduction

Cher papa Noël,

Merci pour les poupées, les crayons et le petit poisson rouge. Je sais que c'est Pâques, aujourd'hui. J'espère que je te réveille pas, mais je te jure que c'est une urgence, promis ! J'ai une fissure dans mon mur. Tatie Sharan dit que c'est une fissure comme les autres, mais je sais que c'est faux : la nuit, j'entends des drôles de voix. Alors, s'te plaît, S'TE PLAÎT, faut qu't'envoies quelqu'un réparer ça !

À genoux devant son lit, Amy Pond, une fillette de sept ans, prie le père Noël. Soudain, le Docteur Who, célèbre héros de science-fiction, fait atterrir son vaisseau spatio-temporel dans le jardin. Pour ceux qui ne le connaissent pas, disons que celui qu'on appelle « le Docteur » est un extraterrestre à l'apparence humaine qui possède deux cœurs et un esprit surhumain. Il est âgé de plusieurs centaines d'années et voyage dans le temps et l'espace pour se faire des amis et sauver des planètes. De manière ingénieuse (à la fois pour le Docteur et pour la série), il se régénère au lieu de mourir. Dans cet épisode, il vient de se régénérer et a donc pris un nouveau corps. Il avale presque tout ce qui se mange chez Amy, mais il ne va pas réparer l'effrayante fissure dans son mur. Il lui explique que ce n'est qu'une petite égratignure à l'échelle de l'univers, puis s'en va en promettant de revenir dans cinq minutes.

Mais il ne revient pas.

Amy dessine des images du « docteur débraillé » pour ne pas l'oublier. Elle grandit en s'accrochant à l'idée que ce héros, tombé du ciel pour sauver son monde quand elle était enfant, est bien réel.

Je ne sais pas ce que vous pensez de l'histoire de Noël. Peut-être y avez-vous cru quand vous aviez l'âge d'Amy. Mais cette histoire d'un enfant qui serait le fils de Dieu, assoupi dans une crèche mais venu sur terre pour sauver le monde, semble aussi farfelue que celle du Docteur Who. Des anges messagers. Une vierge qui accouche. Une étoile en guise de GPS. Si vous êtes trop âgé pour croire au père Noël, pourriez-vous réellement prendre au sérieux de telles histoires ?

Ce livre affirme que c'est possible. Nous répondrons à quatre questions que nous devrions tous nous poser sur l'histoire de la naissance de Jésus. Même si des enfants peuvent être sceptiques, nous montrerons que certains des spécialistes les plus respectés au monde croient qu'elle est vraie. Nous montrerons que si Dieu est réellement venu en chair et en os il y a un peu plus de 2 000 ans, c'est une très bonne nouvelle pour nous, ici et maintenant. Parce que, comme Amy Pond, nous avons un problème urgent à régler.

Décembre apporte toujours son lot d'émotions. J'ignore si vous attendez Noël avec enthousiasme ou anxiété. J'ignore si cette attente génère en vous des sentiments de joie et d'amour, ou si, au contraire, vous vous sentez seul et perdu. Peut-être que la vie vous donne tout ce dont vous rêviez. Ou, au contraire, votre vie n'a rien à voir avec vos rêves d'enfant. Vous n'avez peut-être pas le sentiment d'avoir besoin d'un Sauveur. Mais peut-être que, si vous êtes honnête avec vous-même, vous vous dites : « Je suis prêt à tout essayer ! ».

Peu importe. J'aimerais que ce petit livre vous aide à réfléchir un peu plus sur l'homme qui a débarqué dans notre monde il y a 2 000 ans. J'espère qu'il vous convaincra de son importance. J'espère que vous vous interrogerez : « Est-il vraiment le Sauveur du monde qu'il prétend être ? Est-il réellement venu nous sauver, vous et moi, d'une situation bien plus urgente que le problème d'Amy Pond ? Et si ses déclarations stupéfiantes étaient vraies ? »

1

Jésus a-t-il vraiment existé?

« J'ai dit à toutes mes copines que le père Noël n'existe pas, mais que Jésus, lui, il existe ! »

Voilà ce que ma fille de cinq ans m'a raconté en rentrant de l'école. Sa maîtresse m'avait déjà alertée. Ma fille avait demandé à ses camarades de jouer l'histoire de Noël : « Toi, tu fais Marie. Toi, tu seras Joseph. Et toi, tu fais l'ange ». D'un côté, j'admirais son courage, mais j'avais aussi un peu peur. Qu'allais-je dire aux parents qui risquaient de m'interpeller ?

Pour beaucoup d'enfants, la vraie star de Noël c'est le père Noël. Bien sûr, ce qu'ils attendent surtout, ce sont les cadeaux. Mais ce qui compte aussi beaucoup pour eux, c'est la magie de Noël... Cette idée qu'il existe quelque part, une personne dotée de pouvoirs surnaturels qui puisse les écouter. Amy Pond n'est pas la seule enfant à avoir prié le père Noël.

Croire en Jésus relève-t-il de la même naïveté ?

Beaucoup de gens le pensent. Selon un sondage réalisé en 2015 au Royaume-Uni, 40 % des adultes doutent de l'existence réelle de Jésus[1] et 22 % pensent qu'il s'agit d'un « personnage mythique ou fictif ». Par conséquent, avant de nous pencher sur les détails liés à sa naissance, demandons-nous s'il est vraiment né.

Jésus a-t-il seulement existé ?

En 2012, Bart Ehrman, spécialiste du Nouveau Testament, a écrit un livre sur la question : *Jésus a-t-il existé ?* Ehrman ne croit pas en Dieu. En fait, il a fait fortune en écrivant des livres qui remettent en question la foi chrétienne historique. Mais comme il l'explique, « Quoi que l'on puisse penser de Jésus, une chose est certaine : il a existé[2] ». Ehrman affirme que « la quasi-totalité des experts de la planète[3] » partagent ce point de vue. Le plus naïf n'est donc pas celui qui croit que Jésus a marché sur la terre il y a 2 000 ans, mais celui qui n'y croit pas.

Pourquoi tous ces experts croient-ils en l'existence de Jésus ? Quelles preuves les ont amenés à cette conclusion ? Les sources les plus fournies sur la vie de Jésus proviennent des quatre biographies que l'on trouve au début de la seconde partie de la Bible, le Nouveau Testament. Ce sont les Évangiles selon Matthieu, Marc, Luc et Jean. Ehrman les considère comme « les sources les plus anciennes et les plus fiables dont nous disposons pour connaître la vie de Jésus ». Il affirme que c'est « l'opinion de tous les historiens crédibles de l'Antiquité, tant celle des chrétiens évangéliques engagés que celle des athées purs et durs[4] ». Nous examinerons plus loin ce que disent ces Évangiles sur la naissance de Jésus. Mais même en choisissant d'écarter cette source, nous trouverons des références à Jésus-Christ : elles apparaissent dans de nombreux documents anciens rédigés par des auteurs non chrétiens. Il s'agit souvent de bribes d'informations données en passant, dans des écrits qui traitent d'autres sujets. Néanmoins, à partir de ces sources non bibliques, nous pouvons reconstituer l'essentiel de la vie et de la mort de Jésus.

Une de ces références à Jésus se trouve dans un texte écrit par l'historien juif Flavius Josèphe aux alentours de l'an 93. Josèphe rapporte qu'en 62 apr. J.-C. (environ trente ans après la mort de Jésus), le grand prêtre juif « fit lapider » (c'est-à-dire exécuter) « Jacques, frère de Jésus appelé le Christ, et certains autres[5] ». Cela coïncide parfaitement avec ce qu'en rapporte la Bible. À cette époque, le peuple de Dieu (les Juifs) vivait sous la domination tyrannique des Romains. Mais Dieu avait promis d'envoyer un roi très particulier, le « Christ », pour les sauver. Dans les Évangiles, Jésus affirme être ce Christ. Le Nouveau Testament identifie également Jacques comme le frère de Jésus et comme un dirigeant de l'Église primitive[6].

Les autorités juives considéraient les chrétiens comme des hérétiques, il est donc logique que Jacques ait été exécuté par lapidation.

Nous trouvons une autre référence à Jésus-Christ dans un document du début du 2e siècle, rédigé par l'historien romain Tacite. Il rapporte comment l'empereur Néron a imputé le grand incendie de Rome de 64 apr. J.-C. « à une classe d'hommes détestés pour leurs abominations et que le vulgaire appelait chrétiens ». Tacite poursuit en expliquant qui étaient ces chrétiens :

> Ce nom leur vient de Christ, qui, sous Tibère, fut livré au supplice par le procurateur Ponce Pilate. Réprimée un instant, cette exécrable superstition se débordait de nouveau, non seulement dans la Judée, où elle avait sa source, mais dans Rome même, où tout ce que le monde renferme d'infamies et d'horreurs afflue et trouve des partisans[7].

Tacite n'était pas un grand fan des chrétiens ! Mais son récit confirme les Évangiles : Jésus, appelé Christ, a été exécuté sous le règne de l'empereur Tibère et sous l'autorité de Ponce Pilate, gouverneur de Judée de 26 à 36 apr. J.-C.

Au début du 2e siècle, le christianisme était devenu un véritable casse-tête pour les Romains. Pline le Jeune (gouverneur romain en Turquie aux environs de l'an 110) a écrit une lettre à l'empereur. Il recherchait des conseils afin de mieux persécuter les chrétiens.

Pline demandait aux personnes soupçonnées d'être chrétiennes de vénérer les dieux romains, d'adorer une statue de l'empereur et de maudire le Christ. Il savait que les vrais chrétiens n'accepteraient jamais de faire cela. Certains qui avouaient avoir été chrétiens racontaient qu'ils avaient l'habitude de se réunir tôt le matin, un certain jour de la semaine, et de chanter « un hymne au Christ comme à un dieu[8] ». Contrairement à la plupart de leurs contemporains religieux, les chrétiens ne voyaient pas en Jésus un dieu à adorer parmi d'autres, mais plutôt le seul vrai Dieu. Adorer Jésus, cela revenait à refuser d'adorer qui que ce soit d'autre.

Pour en savoir plus sur le christianisme, Pline a torturé « deux femmes esclaves, qu'on appelait diaconesses[9] », choisies pour leur profil représentatif de l'Église primitive. En effet, le christianisme semble avoir particulièrement attiré les femmes et les esclaves. Celse, le philosophe grec du 2e siècle, s'en amusait lorsqu'il disait que les chrétiens « ne veulent et ne peuvent convaincre que les gens niais, vulgaires, stupides : esclaves, bonnes femmes et jeunes enfants[10] ». Cependant, Pline indique clairement que la « superstition contagieuse » du christianisme s'était répandue parmi les gens « de tout âge, de tout rang et des deux sexes[11] ».

Ces trois textes de l'Antiquité fournissent des preuves extrabibliques de l'existence de Jésus-Christ.

D'après eux, Jésus était un dirigeant juif du début du premier siècle qui affirmait être le Christ. Il a été exécuté par les Romains entre 26 et 36 apr. J.-C. Ses disciples l'ont, par la suite, adoré comme Dieu.

À ce stade, vous vous dites peut-être : « D'accord, Jésus a vraiment existé ; il affirmait être le Christ et a été exécuté par les Romains. Mais la Bible nous demande de croire bien plus que cela. » Vous avez raison ! Lorsque Amy Pond dessinait son « docteur débraillé », tout le monde pensait qu'elle délirait. C'est vrai que lorsque quelqu'un dit croire à l'histoire de Noël, cela signifie qu'il croit des choses franchement invraisemblables. Selon certains philosophes grecs, il n'y avait que les esclaves, les femmes et les enfants sans instruction pour croire de telles choses ! Nous en reparlerons au chapitre trois.

Avant cela, sachez que tout ce que vous avez pu entendre au sujet de Noël ne provient pas forcément de la Bible. Au fil du temps, toutes sortes de détails se sont greffés sur le récit d'origine. De tels détails ont nourri notre imaginaire collectif : Jésus serait né au cœur d'un triste hiver, il neigeait ce jour-là, la naissance aurait eu lieu dans une étable où un âne était présent, l'aubergiste était grognon et un petit enfant jouait du tambour... *parapapampam* ! Non, on ne trouve rien de tout cela dans les Évangiles. Alors, que nous disent réellement les Évangiles ?

Que raconte cette histoire de Noël ?

Les Évangiles selon Matthieu et selon Luc racontent l'histoire de Marie, une jeune femme juive qui vit dans la Judée du premier siècle. Elle est fiancée à un homme appelé Joseph. Mais elle tombe enceinte, comme le raconte élégamment Matthieu : « Avant leur union elle se trouva enceinte (par l'action) du Saint-Esprit » (Matthieu 1 : 18*). Luc ajoute que Marie en est avertie par un ange nommé Gabriel. Celui-ci lui demande d'appeler son fils Jésus et lui annonce qu'il s'agit du Roi promis qui régnera éternellement sur le peuple de Dieu (Luc 1 : 26-38). Bien entendu, Marie est surprise, à la fois par l'ange et par son message ! Mais elle croit ses paroles et proclame alors un des plus grands poèmes de louange à Dieu de toute la Bible (Luc 1 : 46-55) !

Matthieu raconte l'histoire du point de vue de Joseph. Lorsqu'il apprend la nouvelle, il pense que Marie l'a trompé. Dans un rêve, un ange lui annonce que le père du bébé n'est autre que Dieu lui-même. L'ange ajoute qu'il devra l'appeler Jésus (ce qui signifie « Dieu est le salut ») et lui explique pourquoi : « C'est lui, en effet, qui sauvera son peuple de ses péchés » (Matthieu 1 : 21).

Quel coup de théâtre !

---

* Cette indication renvoie à l'Évangile selon Matthieu, chapitre 1, verset 18.

Les Juifs du premier siècle attendaient que leur sauveur les délivre de la domination des Romains. Mais les paroles de l'ange laissent entendre qu'ils avaient un problème beaucoup plus important à résoudre. Dans la série *Docteur Who*, la fissure du mur de la chambre d'Amy s'avère être une fissure dans l'univers lui-même – une fissure qui rongeait sa famille, sa ville et son monde. Selon la Bible, notre univers souffre aussi d'une sorte de fissure : une crevasse qui nous sépare de Dieu et des autres. Elle traverse le cœur de chaque être humain de part en part. Dans la Bible, cette terrible déchirure porte un nom : le péché. L'ange annonce que le bébé est venu pour sauver son peuple « de ses péchés ». Jésus est l'« Emmanuel » annoncé par les prophètes – Emmanuel signifie en hébreu : « Dieu *avec* nous ». Autrement dit, Jésus, c'est Dieu lui-même qui vient sur la terre pour aider son peuple à se *reconnecter* à lui (Matthieu 1 : 22-23). Telle est la mission de Jésus : ramener les pécheurs auprès de Dieu.

Dans *Star Wars*, Anakin Skywalker naît, lui aussi, sans père terrestre. Selon les Évangiles, Jésus n'est cependant pas, comme lui, né « il y a très, très longtemps, dans une galaxie très, très lointaine ». Ils rattachent sa naissance à une époque et à un lieu déterminés. Il ne s'agit pas d'un mythe. Cela ne signifie pas pour autant que nous connaissions la date exacte de sa naissance. Matthieu et Luc la situent tous deux sous le règne du roi Hérode qui, nous le savons, est mort en l'an 4 av. J.-C. Luc affirme également que pendant la grossesse de Marie, Joseph a dû se rendre dans sa ville natale de Bethléhem, lors d'un « recensement » qui a eu lieu « à l'époque où Quirinius était gouverneur de la province de Syrie » (Luc 2 : 2). Plusieurs spécialistes s'appuient sur les textes de l'historien juif Josèphe pour dater ce recensement : il aurait eu lieu en l'an 6 de notre ère, soit environ dix ans après la mort d'Hérode. Certains critiques en déduisent que les Évangiles ne seraient pas des sources historiques fiables. Il était important que Jésus naisse à Bethléem, car le roi d'Israël par excellence, David, y était né. Ces spécialistes en concluent que Luc aurait fabriqué de toutes pièces ce recensement pour justifier une prétendue naissance de Jésus dans ce lieu.

Mais ce n'est pas si simple. Les Évangiles résistent tout à fait à l'épreuve des documents historiques. Nous y reviendrons en détail au chapitre suivant, mais sur le plan de l'histoire ancienne, ces textes ont été rédigés très peu de temps après les événements qu'ils décrivent. De plus, les manuscrits dont nous disposons pour les Évangiles sont très fiables, comparés à d'autres documents prétendument historiques[12]. Qui plus est, les auteurs des Évangiles font preuve d'une connaissance aiguë de la région où Jésus a vécu et de son époque[13]. Vous vous demandez alors peut-être d'où vient l'apparente divergence de vues entre Luc et Josèphe au sujet du recensement. Les spécialistes ont proposé diverses solutions possibles. Il se pourrait, par exemple, que Luc ait raison et que Josèphe n'ait pas été au courant d'un recensement antérieur[14]. À bien y réfléchir, si Luc avait voulu inventer une raison pour faire venir Marie et Joseph à Bethléhem au moment de la naissance, il aurait pu invoquer un prétexte bien moins fragile qu'un recensement. Il pouvait, par exemple, raconter que l'oncle préféré de Joseph les avait invités ! Quoi qu'il en soit, il serait déraisonnable de rejeter l'Évangile selon Luc à cause de cette difficulté.

Une fois à Bethléhem, Marie et Joseph ne se sont pas dirigés vers le meilleur hôtel de la ville, comme il convient pour la naissance d'un roi. Voici ce que Luc précise : « il n'y avait pas de place pour eux dans la pièce réservée aux hôtes » (Luc 2 : 7). Jésus a donc passé sa première nuit dans une crèche, c'est-à-dire une mangeoire pour les animaux. Cela ne signifie pas nécessairement qu'il soit venu au monde dans une étable. Dans les villages de l'époque, il y avait souvent une mangeoire dans un coin de la maison. La mangeoire montre surtout que Jésus n'est pas né dans un milieu fortuné, bien au contraire. Luc raconte également qu'un ange est apparu à des bergers locaux, une classe sociale très méprisée dans cette culture. Il leur a annoncé l'endroit où le Christ était né et comment le trouver, à savoir dans la mangeoire en question (Luc 2 : 8-20).

Matthieu nous présente des visiteurs d'une autre stature. Des mages venus d'Orient ont été conduits par une étoile jusqu'à Jérusalem. Ils se sont présentés à Hérode, que les Romains avaient désigné comme roi des Juifs, et ils lui ont demandé : « Où est le roi des Juifs qui vient de naître ? Nous avons vu se lever son étoile, et nous sommes venus lui rendre hommage » (Matthieu 2 : 2). De toute évidence, ils manquaient un peu de tact ! Cette demande a perturbé Hérode. Il a convoqué d'éminents théologiens juifs et leur a demandé où le Christ devait naître. Ils lui ont répondu que c'était à Bethléhem. Hérode a alors envoyé ces mages à la recherche de Jésus, prétendant vouloir, lui aussi, l'adorer. (En réalité, il voulait le faire tuer car il devait se dire : « Le roi des Juifs actuel me convient parfaitement, merci beaucoup ! ».) L'étoile a guidé les mages : « Elle parvint au-dessus de l'endroit où se trouvait le petit enfant. Et là, elle s'arrêta » (Matthieu 2 : 9). Lorsque les mages ont trouvé Jésus, ils se sont prosternés et ils l'ont adoré. Ils lui ont offert des cadeaux : de l'or, de l'encens et de la myrrhe (Matthieu 2 : 11). Ces cadeaux, au nombre de trois, ont inspiré notre tradition de Noël qui consiste à appeler ces personnages « les trois rois mages ». Mais cela n'a rien à voir avec le récit biblique. Ce que Matthieu laisse entendre, c'est que ces observateurs des étoiles étaient des étrangers en Israël. Jésus n'est pas venu uniquement pour le peuple juif. Il a été adoré par des étrangers et ce, dès le début.

Une mangeoire qui accueille un enfant divin annoncé par des anges et haï par des dirigeants, adoré par des riches comme par des pauvres, par des Juifs comme par des étrangers, par des savants qui observent les étoiles comme par des bergers sans instruction. Voilà de quoi nous émouvoir ! Cela fait un joli conte de Noël pour enfants... à condition de s'arrêter avant l'épisode où Hérode fait massacrer tous les garçons de moins de deux ans de la région ! Mais c'est aussi un récit solidement ancré dans l'histoire.

Bref, malgré ses cinq ans, ma fille n'était finalement pas si naïve que cela lorsqu'elle a annoncé à ses camarades que Jésus est bien réel, contrairement au père Noël. Même sans le témoignage des Évangiles, Jésus est bel et bien un personnage historique dont la naissance, la vie, la mort et la résurrection ont indéniablement changé la face du monde.

2

Pouvons-nous prendre les Évangiles au sérieux ?

Dans le film *Harry Potter et le Prince de sang-mêlé*, le professeur Dumbledore donne à Harry une série de cours particuliers dans son bureau. Dumbledore a rassemblé des indices au sujet de la vie du maléfique Lord Voldemort : il a extrait des souvenirs provenant de diverses sources (allant des elfes de maison jusqu'à sa propre mémoire). Grâce à sa « pensine » magique, il propose à Harry de se plonger dans le passé d'autres personnes. Un de ces souvenirs date d'il y a soixante ans. Deux autres proviennent de personnes juste avant leur mort. L'un d'eux a été falsifié, aussi Dumbledore envoie-t-il Harry récupérer l'original. Les enjeux sont cruciaux : il faut en savoir le plus possible sur la vie de Voldemort – sa filiation, ses paroles, ses actes et même les prophéties qui le concernent.

Au début de son Évangile, Luc révèle ses sources à propos de Jésus. Comme Dumbledore, il a recueilli des informations auprès de « ceux qui en ont été les témoins oculaires depuis le début » (Luc 1 : 2). L'Évangile selon Jean, le dernier à avoir été rédigé, va encore plus loin : il s'agit du témoignage oculaire de Jean lui-même, un des disciples de Jésus (Jean 21 : 24).

Mais qu'en est-il de la vérité ? Les Évangiles n'ont-ils pas été rédigés bien trop longtemps après les événements qu'ils décrivent pour être crédibles ? Pouvons-nous prendre au sérieux de telles sources sur la naissance, la vie et la mort de Jésus ?

Les Évangiles et le jeu du téléphone

Selon le célèbre athée Richard Dawkins, « tout ce qui se trouve dans les Évangiles a souffert de décennies de bouche-à-oreille, de déformation et d'exagération de type "téléphone arabe" avant que ces quatre témoignages ne soient finalement mis par écrit[15] ». J'ai grandi en Angleterre et je jouais parfois au « téléphone arabe ». Comme c'est souvent le cas avec les expressions racistes, je n'en comprenais pas, à l'époque, le caractère discriminatoire. Je vis maintenant en Amérique où on l'appelle « le jeu du téléphone ». Un groupe d'enfants s'assoit en cercle. Le premier chuchote un message à son voisin, qui le chuchote à l'enfant suivant, et ainsi de suite. Le dernier annonce à voix haute le message qu'il a entendu et tout le monde rit en voyant à quel point il a été déformé. Richard Dawkins et Bart Ehrman se réfèrent à ce jeu pour le comparer à la façon dont les Évangiles ont vu le jour. Une telle comparaison est-elle juste ?

La plupart des spécialistes pensent que l'Évangile selon Marc est le plus ancien. Il aurait été rédigé environ trente-cinq à quarante-cinq ans après la mort de Jésus.

Auparavant, les histoires sur Jésus se transmettaient par le bouche-à-oreille. Mais pas à la manière du jeu du téléphone ! Cela ne s'est pas fait en chuchotant un message à l'oreille d'une seule personne. Ces récits étaient proclamés dans les synagogues, sur la place publique et de maison en maison. De plus, tout ne dépendait pas d'une seule source : des milliers de personnes ont témoigné des enseignements de Jésus et de ses miracles. De grandes foules se rassemblaient pour l'écouter et un petit groupe de disciples l'a accompagné dans ses voyages durant plusieurs années. Douze de ces disciples (les « apôtres ») ont été spécialement choisis pour transmettre ses enseignements. Comme l'enfant qui commence le jeu du téléphone, ils étaient au premier rang à observer ce que Jésus disait et faisait. Toute personne qui doutait du message pouvait les consulter.

Richard Bauckham est un spécialiste du Nouveau Testament mondialement reconnu. Il a publié un ouvrage retentissant dans lequel il soutient que les Évangiles ont été rédigés précisément à ce moment parce que les témoins oculaires commençaient à se faire rares. Il démontre que les évangélistes ont délibérément donné des noms de personnes afin de les désigner comme témoins oculaires. C'était une façon de dire : « Si vous ne me croyez pas, demandez à Marie-Madeleine, elle l'a vu de ses propres yeux ! ». Bauckham soutient que l'Évangile selon Jean a bel et bien été écrit par un disciple de Jésus [16]. Si c'est vrai, ce texte n'est pas le résultat d'une chaîne de transmission, comme dans le jeu. Il n'a rien à voir avec le message du dernier enfant de la chaîne qui rapporte ce qu'il pense avoir entendu. Il est plutôt celui du premier enfant, l'original !

Malgré tout, quelqu'un peut-il *vraiment* se souvenir de ce qu'il a vu et entendu de Jésus trente-cinq, quarante, voire soixante ans plus tard ?

Le décalage n'était-il pas trop grand ?

Mon grand frère est né la veille de Noël. Ma mère se souvient parfaitement de tous les détails de sa naissance. Elle se souvient aussi très bien de son retour à la maison. Elle y a été accueillie en musique, par un trio de flûtistes que mon père avait engagé. Autant vous dire qu'elle n'était pas franchement impressionnée ! (Mon père voulait bien faire, mais croyez-moi, juste après un accouchement, une femme ne se sent pas d'humeur à écouter poliment trois étrangers dans son salon.) Ces évènements ont eu lieu il y a plus de quarante ans. C'est environ le temps qui sépare le ministère public de Jésus de la rédaction, par Marc, du premier Évangile.

Remontons d'une génération. Mes grands-parents m'ont raconté ce qui s'est passé le jour où ma mère est née. C'était une froide journée d'hiver et mon grand-père avait décidé de faire du pain d'épices. Au lieu de le faire cuire sur un grand plateau, comme d'habitude, il a voulu utiliser le moule à muffins. Mais il a oublié que des pains d'épices plus petits cuiraient beaucoup plus vite. Quand il les a sortis du four, ils étaient tellement secs qu'ils ressemblaient à des cailloux. Il en a même jeté un sur le mur, et ma grand-mère a tellement ri que le travail s'est déclenché ! C'était il y a plus de soixante ans... comme le temps qui sépare la mort de Jésus de la rédaction du dernier Évangile, celui de Jean. Mes deux grands-parents se souviennent très bien de ce jour-là.

Franchement, quelle drôle d'idée de prétendre qu'on ne peut pas se souvenir de faits importants vieux de plus de trente-cinq ans ! Si vous avez plus de quarante ans, vous avez encore des souvenirs de certains évènements particuliers de votre enfance. À plus de cinquante ans, vous avez encore des souvenirs de votre adolescence. Même si nous ne nous souvenons pas de *tout*, nous n'oublions pas la plupart des meilleurs moments, des conversations et des événements marquants.

Rencontrer Jésus changeait complètement la vie. Quarante, cinquante, voire soixante années ne pourraient en effacer les souvenirs. Des milliers de personnes ont rencontré Jésus à divers moments. Et ses disciples, qui en étaient encore plus proches, ont été formés pour se remémorer ses paroles. Pensez aux acteurs d'aujourd'hui : ils doivent mémoriser de longues portions d'un scénario. De même, les disciples du premier siècle devaient apprendre l'enseignement de leur maître. Ça faisait partie de leur mission. Entre la mort de Jésus et la rédaction des Évangiles, les disciples de Jésus ont saisi toutes les occasions pour partager son message. Comme des comédiens qui rejouent chaque soir la même pièce quand ils sont en tournée, les disciples racontaient encore et encore l'histoire de leur maître lorsqu'ils se déplaçaient.

Mais comment être sûr qu'ils n'ont pas exagéré ?

Les récits au sujet de Jésus ont-ils été enjolivés avec le temps ?

Ron et Hermione, les amis d'Harry Potter, ont été retenus en otage par des sirènes au fond d'un lac. Après leur libération, tout le monde est impatient d'entendre leurs récits. Au début, l'histoire de Ron cadre avec celle d'Hermione. Puis Harry remarque que la version de Ron change légèrement à chaque fois qu'il la raconte : « Une semaine plus tard, cependant, Ron faisait un récit beaucoup plus haletant où il était question d'un kidnapping au cours duquel il avait dû affronter seul une cinquantaine d'êtres de l'eau puissamment armés qui avaient fini par l'emporter au terme d'un rude combat et l'avaient solidement ligoté[17] ».

Pour Richard Dawkins, les Évangiles résultent du même processus. Un grand nombre de personnes se seraient livrées à de telles déformations et exagérations pendant de nombreuses années. Il imagine que « les premières recrues de la jeune religion chrétienne » avaient « hâte de transmettre des histoires et des rumeurs sur Jésus, sans prendre le temps d'en vérifier la véracité[18] ». Un miracle ici. Une vierge enceinte là. C'est ainsi qu'au fil des années, un prédicateur charismatique est devenu divin dans l'esprit des gens. Mais cette hypothèse pose bien des problèmes.

Premièrement, le miracle le plus épatant opéré par Jésus est sa propre résurrection des morts. Si Dawkins a raison, ce prodige aurait dû apparaître, petit à petit, dans les écrits ultérieurs, tout comme les éléments de plus en plus fantastiques qui viennent étoffer le témoignage de Ron. Or, la résurrection est un thème majeur des textes *les plus anciens*, comme certaines lettres de l'apôtre Paul ! De plus, si l'idée d'une résurrection avait été inventée par un disciple comme Ron qui exagérait le récit pour lui donner plus d'effet, il aurait rencontré beaucoup d'Hermione pour rectifier le tir ! Quoi qu'il en soit, les Évangiles ne reposaient pas sur le témoignage d'une seule personne. Nombreux sont ceux qui ont témoigné de leur rencontre avec Jésus ressuscité.

Deuxièmement, affirmer que les premiers adeptes du christianisme ont inventé la résurrection, c'est comme dire que les premiers utilisateurs de Facebook ont inventé les réseaux sociaux. Sans résurrection, cette jeune religion n'aurait pas compté dans ses rangs des adeptes pleins d'enthousiasme ! Le message chrétien est précisément celui-ci : Dieu a envoyé son Fils pour naître sous forme humaine, mourir pour nos péchés et ressusciter à la vie... afin que quiconque croit en Jésus puisse vivre avec lui pour toujours. La résurrection est le moteur de ce message, ce n'est pas une option pour la version de luxe. C'est la résurrection qui a impulsé le mouvement chrétien qui a bouleversé le monde. Sans elle, Jésus aurait allongé la liste des pseudo-messies.

Troisièmement, grâce à l'exagération de son histoire d'otage, Ron a gagné en popularité. À l'inverse, beaucoup des premiers chrétiens ont été tués précisément parce qu'ils défendaient la résurrection de Jésus et donc sa légitimité comme Seigneur de tous les hommes. Comme nous l'avons vu, Jacques, le propre frère de Jésus, proclamait que Jésus était le Roi ressuscité. Il savait pourtant qu'il encourait ainsi la mort par lapidation. De toute évidence, il ne défendait pas cette thèse pour construire sa popularité !

Quatrièmement, comme Dawkins lui-même le fait remarquer, les Juifs du premier siècle pensaient qu'il fallait être « carrément givré » pour faire de Jésus le Roi promis par Dieu[19]. À l'époque, beaucoup de combattants de la liberté essayaient de lever une armée pour en finir avec la domination romaine. Ils finissaient généralement tous de la même façon : exécutés sur une croix, l'instrument de torture le plus sanglant de Rome. La mort sur une croix signifiait soit la fin du mouvement, soit le transfert du leadership à un autre candidat. Il n'y avait pas plus scandaleux que d'affirmer la *résurrection* de Jésus et d'encourager à *continuer* de le suivre. Bref, qui s'amuserait à inventer ce genre de choses ?

Ceci nous amène au point suivant. Contrairement à Ron qui joue les héros malgré sa défaite face au peuple des mers, les Évangiles ne cherchent pas à donner le beau rôle aux premiers chrétiens. En fait, ces récits leur font plutôt mauvaise presse !

Les Évangiles sont vraiment – mais vraiment – embarrassants

Fermez les yeux un instant et pensez à la pire honte de votre vie. (Faisons un marché : je ne vous dis pas la mienne, et vous n'aurez pas à m'avouer la vôtre !) Imaginez maintenant que cet instant de déshonneur suprême soit relaté dans les quatre livres les plus vendus de tous les temps. C'est ce qui est arrivé à l'apôtre Pierre.

Il était l'un des plus proches amis de Jésus. On pense que l'Évangile selon Marc est basé sur les souvenirs de Pierre. Si j'étais lui, j'aurais veillé à choisir des épisodes qui me mettent en valeur, et à laisser de côté mes échecs. Au lieu de cela, Marc rapporte un épisode peu glorieux. Pierre commence par revendiquer bien fort que jamais il ne délaissera Jésus (Marc 14 : 29) et, le soir même, il va nier à trois reprises faire partie de ses disciples (Marc 14 : 66-72) ! Les autres Évangiles rapportent également l'incident. Ron a déformé son histoire pour se faire passer pour un héros. Pierre n'a pas passé sous silence l'histoire de sa pire lâcheté, son pire échec moral. Or, il faisait partie des responsables de l'Église primitive. Pourquoi avoir permis la diffusion de cette histoire ? Parce qu'elle était vraie. C'est la seule raison.

Et ce n'est qu'un des exemples où les Évangiles sont embarrassants !

Comme nous l'avons déjà dit, la résurrection de Jésus est l'élément moteur du christianisme. Si je voulais inventer une histoire de toutes pièces, j'essaierais de la rendre la plus crédible possible. Or, dans les quatre Évangiles, les premières personnes à témoigner de la résurrection de Jésus sont des femmes. Dans la culture juive du premier siècle, appuyer un récit sur des témoignages féminins – systématiquement récusés dans un tribunal – c'était à coup sûr en entamer sérieusement la crédibilité. Même les apôtres avaient eu du mal à croire ces femmes lorsqu'elles leur ont parlé du tombeau vide. Luc écrit : « C'étaient Marie de Magdala, Jeanne, Marie, la mère de Jacques. Quelques autres femmes, qui étaient avec elles, portèrent aussi la nouvelle aux apôtres ; mais ceux-ci trouvèrent leurs propos absurdes et n'y ajoutèrent pas foi » (Luc 24 : 10-11).

Encore un moment plus qu'embarrassant pour les responsables chrétiens de l'époque ! Mais les premiers lecteurs des Évangiles ont probablement été compréhensifs. Un récit étrange, qui plus est, raconté par un groupe de femmes n'était pas pris au sérieux ! Alors pourquoi les quatre auteurs des Évangiles ont-ils affirmé que les premiers témoins de la résurrection étaient des femmes ? Cela n'a de sens que si c'est ce qui s'est réellement passé. Selon Bauckham, si Luc mentionne ces femmes, c'est parce qu'elles étaient ses témoins oculaires[20].

Que penser des différences entre les Évangiles ?

J'espère avoir piqué votre curiosité et vous avoir donné envie de lire les Évangiles. Je vous recommande vivement de le faire. Ce sont les best-sellers de tous les temps. Il ne vous faudra pas plus de temps pour lire le plus long des Évangiles, celui de Luc, que pour regarder un film d'Harry Potter ! Notez que si vous les lisez l'un après l'autre, vous remarquerez des différences. Certaines histoires apparaissent dans les quatre Évangiles, d'autres non. Par exemple, seuls Matthieu et Luc racontent la naissance de Jésus. Parfois, une histoire racontée par Jésus apparaît à un endroit dans un Évangile, et dans un autre endroit et avec des mots différents dans un autre récit de l'Évangile. Parfois, plusieurs Évangiles relatent les mêmes évènements, mais dans un ordre différent. Toutes ces choses mises bout à bout pourraient faire croire que les Évangiles ne sont pas fiables lorsqu'ils rapportent le récit de Noël ou d'autres événements de la vie de Jésus.

Examinons donc l'un après l'autre chacun de ces types de différences.

Premièrement, aucun récit de l'Évangile ne prétend être exhaustif. L'apôtre Jean conclut son récit de cette manière : « Jésus a accompli encore bien d'autres choses. Si on voulait les raconter une à une, je pense que le monde entier ne suffirait pas pour contenir tous les livres qu'il faudrait écrire » (Jean 21 : 25). Pourquoi n'a-t-il pas raconté la naissance miraculeuse de Jésus ? C'est tout de même plus qu'un détail ! En réalité, Jean va, lui aussi, affirmer que Jésus est le Fils de Dieu. Il le fait au début de son récit, mais par un autre procédé, comme nous le verrons au chapitre quatre. Les quatre Évangiles fonctionnent comme un quatuor à cordes. Un seul instrument peut déjà produire sur nous un effet enchanteur, mais l'effet combiné des quatre instruments est encore plus saisissant. Leur façon de traiter différemment des thèmes communs produit une harmonie unique.

Deuxièmement, le fait que les Évangiles rapportent parfois différemment certaines paroles de Jésus, dans des endroits différents et avec des tournures différentes, peut sembler louche à première vue. Mais il n'en est rien. Au cours des dernières années, j'ai donné des dizaines de conférences dans une multitude d'endroits. Je répète souvent les mêmes choses, mais je m'adapte à mon auditoire. Cette pratique est très courante chez les prédicateurs, les politiciens et les artistes, même aujourd'hui. C'était encore plus vrai à l'époque où les médias de masse n'existaient pas !

Intéressons-nous à l'ordre dans lequel les évènements sont racontés. Pourquoi est-il différent d'un Évangile à l'autre ? Jésus ne peut avoir accompli des choses dans un certain ordre selon l'un et dans un autre ordre selon l'autre. Ce n'est pas cohérent, il s'agit sûrement d'une erreur. Réfléchissons : quand nous racontons une histoire, suivons-nous toujours l'ordre chronologique ? Mon mari Bryan et moi venons de regarder une série à suspense. À mesure que l'intrigue avançait, des scènes du passé ressurgissaient à intervalles réguliers – ce qu'on appelle des *flash-back*. Bryan est un homme intelligent, il a un doctorat en ingénierie. Mais les *flash-back* et lui, ça fait deux ! Il a fallu que j'apprenne à le prévenir lorsqu'il y en a un qui commence !

Pourquoi les cinéastes utilisent-ils des *flash-back* ? Juste pour déstabiliser les cerveaux des ingénieurs ? Non ! Ils veulent que nous comprenions les liens entre le passé et le présent. C'est assez fréquent aussi dans les films biographiques. J'ai récemment regardé le film sur la vie de J. D. Vance, *Une ode américaine*.

Les allers-retours dans le temps y sont fréquents. Les auteurs des Évangiles font parfois la même chose. Chaque auteur organise à sa façon les évènements parce qu'il veut nous montrer des liens entre les différents épisodes. Nous avons tous l'habitude (sauf mon mari) de naviguer dans les *flash-back* des films. Les premiers lecteurs des Évangiles faisaient la même chose. Ils ne se seraient pas nécessairement attendus à un ordre chronologique, même pour un récit historique.

« D'accord, me répondrez-vous, peut-être que les récits des Évangiles se rapportant à Jésus peuvent passer pour des documents historiques... encore faudrait-il qu'ils relatent des évènements réalistes ! Mais la vie de Jésus y est autant truffée d'éléments surnaturels que celle de Voldemort que Harry découvre dans la pensine ! ». Vous avez raison. Sauf qu'au lieu de tuer, Jésus guérissait. Au lieu de s'approprier la vie des autres pour devenir immortel, il a volontairement enduré la mort pour donner la vie éternelle à quiconque voulait croire en lui. Oui, du début à la fin, de sa conception miraculeuse à sa résurrection, l'histoire de sa vie foisonne d'événements incroyables. Comment des personnes rationnelles et instruites du 21e siècle pourraient-elles encore croire à de telles histoires surnaturelles, comme une vierge qui tombe enceinte ?

3

Une vierge enceinte: peut-on vraiment y croire?

« Moi, je n'y crois pas. »

Ma fille avait quatre ans. Je venais de lui lire une histoire : celle de l'ange qui annonce à Marie qu'elle allait être enceinte par l'œuvre du Saint-Esprit et donner naissance à un bébé qui serait le Fils même de Dieu (Luc 1 : 26-38). Il est vrai que ce récit comporte un certain nombre d'éléments invraisemblables. Je lui ai donc gentiment demandé ce qu'elle avait le plus de mal à croire dans cette histoire. Sa réponse ? L'ange. Elle était trop grande pour croire encore à la petite souris... alors les anges, c'était sûrement aussi une invention* !

Je comprends tout à fait son scepticisme. Pour beaucoup d'entre nous, l'ange, c'est la figurine au

* C'était un an avant qu'elle ne dise à ses camarades que Jésus existe mais pas le père Noël !

sommet du sapin, le summum de l'invraisemblable. Une vierge enceinte. Des mages guidés par une étoile. Tous les ingrédients d'un vrai conte de fées. Dans ce chapitre, j'aimerais vous inviter à ne pas écarter trop vite ces affirmations étranges et surnaturelles. S'il existe un Dieu qui a créé l'univers, il n'y a rien d'absurde à croire aux miracles de Noël. En fait, il serait même irrationnel de les rejeter.

La conception de Jésus et la conception du monde

Matthieu et Luc affirment tous deux que Marie s'est trouvée enceinte par l'action de l'Esprit saint de Dieu (Matthieu 1 : 18 ; Luc 1 : 35). Rassurez-vous, la chose paraissait tout aussi incroyable à l'époque ! Pour convaincre Marie et Joseph qu'une vierge pouvait mettre un enfant au monde, il a fallu l'intervention d'un ange. Qui est ce Saint-Esprit ? Comment croire que Jésus a été conçu de cette manière ? La réponse à ces deux questions se trouve au commencement.

C'est sur la toute première page de la Bible que le Saint-Esprit apparaît pour la première fois :

> Au commencement, Dieu créa le ciel et la terre. Or, la terre était chaotique et vide. Les ténèbres couvraient l'abîme, et l'Esprit de Dieu planait au-dessus des eaux.
>
> GENÈSE 1 : 1-2

La première affirmation étrange de la Bible est qu'il existe un Dieu unique, qui a créé tout notre univers. Si cela est vrai, la naissance virginale de Jésus n'est pas irrationnelle. Ce qui serait irrationnel, ce serait de croire que Dieu, capable de créer tout l'univers à partir de rien, ne pourrait pas créer un bébé sans l'aide d'un père humain. Ce serait comme dire à un patineur artistique : « Je sais que tu es sélectionné pour les Jeux olympiques, mais je parie que tu ne sais pas faire un huit » !

Posons-nous alors la question : une personne intelligente, cultivée, peut-elle réellement croire aujourd'hui en un Dieu créateur ?

Croire en un Dieu créateur, n'est-ce pas dépassé ?

Il y a quarante ans, les sociologues pensaient que la religion allait bientôt s'enfoncer dans l'oubli. Le monde se modernisait, devenait plus instruit et plus scientifique et ils s'attendaient à ce que la croyance religieuse décline. Mais cette prédiction ne s'est pas réalisée. Certes, les Occidentaux blancs adhèrent de moins en moins aux religions depuis quelques décennies, mais dans le monde, de *plus en plus* de personnes croient en un Dieu créateur.

Aujourd'hui, le christianisme est le système de croyance le plus répandu, et le plus diversifié sur les plans racial et culturel. Environ 31 % des êtres humains s'identifient comme chrétiens. Ils se répartissent de manière à peu près égale entre l'Europe, l'Amérique du Nord, l'Amérique du Sud et l'Afrique. L'Église chinoise, quant à elle, se développe si rapidement qu'il y aura certainement plus de chrétiens en Chine qu'aux États-Unis d'ici 2030. La Chine pourrait devenir un pays majoritairement chrétien d'ici 2060[21]. D'ici là, la proportion de chrétiens dans le monde devrait légèrement augmenter, passant de 31 à 32 %. L'islam (la deuxième plus grande religion) devrait aussi fortement grimper, passant de 24 à 31 %. Dans le même temps, la proportion de personnes qui s'identifient comme athées, agnostiques ou indifférentes devrait diminuer, passant de 16 à 13 % [22].

Le christianisme et l'islam divergent sur de nombreux points fondamentaux. Mais tous deux enseignent l'existence d'un seul Dieu créateur. Cette croyance ne s'enfonce donc pas dans l'oubli. Au contraire, elle se répand dans le monde. Même si la majorité n'a pas toujours raison, la croyance en un Dieu créateur n'est pas dépassée. Nous ne pouvons donc pas la rejeter simplement en affirmant qu'elle l'est.

La science a réfuté le christianisme… vraiment ?

Chaque été, j'allais voir ma grand-mère. Elle vivait en Cornouailles, au bord d'une magnifique baie. (Peut-être avez-vous vu la série *Poldark*, elle a été en partie filmée dans sa région.) Nous passions la plupart de notre temps à la plage. Nous construisions des châteaux de sable et nous regardions ensuite la marée monter. Nous comptions combien de vagues le château allait pouvoir supporter. Si on lit des auteurs athées comme Richard Dawkins, on a l'impression qu'en matière de science, les chrétiens sont comme des enfants debout devant leur château de sable de la foi, lorsque vague après vague, les découvertes scientifiques se succèdent. Et le château disparaît. Mais les chrétiens ne veulent pas l'admettre, ils sont trop bornés et préfèrent s'enfermer dans leurs illusions. On entend souvent que croire en la science est incompatible avec la foi en Dieu. C'est pourtant faux !

Cette prétendue incompatibilité entre la science et le christianisme est une vue de l'esprit.

Tout d'abord, ce sont les chrétiens qui ont fondé et développé la science moderne. Ils ne l'ont pas fait en mettant en sourdine leur foi en un Créateur, mais précisément *à cause d'elle*. C'est ce que m'a appris le professeur Hans Halvorson, de Princeton – un des meilleurs philosophes des sciences au monde[23]. Les pionniers de ce que nous appelons aujourd'hui la science ont suivi le raisonnement suivant : si l'univers a été créé par un Dieu rationnel et cohérent (comme le prétend la Bible), nous pouvons nous attendre à ce qu'il fonctionne selon des lois rationnelles et cohérentes*. Puisque le Dieu de la Bible est cependant totalement libre, il pouvait créer l'univers en suivant les lois qui lui plaisaient. Par conséquent, si nous voulons découvrir les lois qui régissent notre univers, nous devons aller étudier cet univers ! Selon le professeur Halvorson, le fait de croire en un Dieu créateur ne s'oppose pas du tout à la science. Au contraire, c'est le meilleur fondement philosophique de la science, encore aujourd'hui. Le professeur Halvorson va même plus loin : il soutient que l'athéisme ne fournit aucune base philosophique à la science.

Les athées ont tendance à prétendre le contraire. Pour eux, un principe de base de la science est de rechercher des causes naturelles aux choses que nous voyons dans la nature, et d'écarter l'idée d'une intervention divine. Halvorson rétorque que dans leurs expériences, les premiers scientifiques modernes n'ont pas exclu les causes surnaturelles de leurs recherches parce qu'ils n'y croyaient pas, mais au contraire parce qu'ils croyaient que *tout* était causé de manière surnaturelle ! Leur question n'était pas : « Dieu agit-il ? », mais « *De quelle manière* Dieu agit-il ici ? ». Parce que le Dieu de la Bible est immuable et totalement au contrôle du temps et de l'espace, ils croyaient

---

* Deux frères franciscains, Roger Bacon (env. 1214–1294) et Guillaume d'Ockham (env. 1285–1350), ont jeté les bases empiriques et méthodologiques de la méthode scientifique. Francis Bacon (1561–1626) l'a fondée et fait connaître. Oui, deux hommes appelés Bacon y sont pour beaucoup dans le travail préparatoire à ce que nous appelons aujourd'hui la science !

que vous pouviez faire les mêmes expériences à différents moments et dans différents endroits et obtenir les mêmes résultats. Qui plus est, l'affirmation biblique selon laquelle Dieu a créé l'homme *à son image* explique pourquoi nous, de simples mammifères, nous pouvons comprendre les lois de l'univers. Comme l'a dit le pionnier de l'astronomie du 17e siècle, Johannes Kepler : « Dieu nous a créés à son image pour nous rendre capables de participer à ses propres pensées[24] ».

Les chrétiens n'ont pas toujours été d'accord sur le rapport entre la science et la Bible. Ce sujet les divise depuis au moins le 4e siècle ! Ils ont parfois fortement résisté à des théories scientifiques qui se sont révélées exactes (tout comme les athées). Mais si vous examinez attentivement toutes les prétendues controverses entre science et christianisme dans l'histoire – depuis Galilée – vous constaterez la présence de chrétiens fidèles à la Bible dans les deux camps.

Aujourd'hui encore, des chrétiens se trouvent à l'avant-garde de chaque domaine scientifique. Le professeur de physique expérimentale de Cambridge, Russell Cowburn, en est un exemple.

Un professeur de Cambridge s'ouvre à la foi

Russell a fréquenté l'Église quand il était enfant, mais les histoires de Jésus étaient loin de le convaincre. Adolescent, il doutait de l'existence du Jésus historique.

Avant de commencer ses études à Cambridge, il a pris une année sabbatique pour travailler à Londres. Le premier week-end, il n'avait rien à faire et il s'est rendu dans une Église locale. Elle n'avait rien à voir avec celles de son enfance. Il a tout de suite été invité à une étude biblique : « C'est en lisant la Bible pour la première fois que tout a changé », se souvient-il.

Le groupe étudiait l'Évangile selon Jean, et Russell a été stupéfait par un verset particulier :

> Oui, Dieu a tant aimé le monde qu'il a donné son Fils, son unique, pour que tous ceux qui placent leur confiance en lui échappent à la perdition et qu'ils aient la vie éternelle.
>
> JEAN 3:16

Russell continue : « J'en étais abasourdi. La mort de Jésus montre l'amour de Dieu d'une manière si profonde ! Je ne me cherchais pas une religion. Ce n'est pas parce que j'ai fait une étude approfondie de tous les penseurs du monde que j'ai opté pour Jésus. C'est lui qui m'a trouvé. Ma foi est une relation. Et c'est une relation que je ne cherchais pas ».

Russell a ensuite étudié la physique à Cambridge. Il est maintenant un éminent spécialiste en nanotechnologie. Il travaille à la mise au point de machines plus petites que les globules rouges ! Il fait ce constat : « Certaines personnes séparent la foi et la science comme deux explications distinctes du monde, mais je ne les vois pas en concurrence. Pour moi, il s'agit d'explications parallèles ».

Que pense Russell des miracles tels que la naissance virginale ou la résurrection de Jésus ? Il explique :

> La science décrit comment Dieu choisit de travailler la plupart du temps. Mais il est souverain et donc libre de travailler comme il le souhaite. Par moments et à certains endroits, il choisit d'agir différemment. La résurrection de Jésus en est l'exemple le plus remarquable. Nous savons que, selon la science, les cadavres ne reviennent pas à la vie. Or, le christianisme est fondé sur ce constat : Jésus est revenu à la vie. Et je n'ai aucun problème à affirmer qu'à ce moment précis de l'histoire, Dieu a agi différemment.

Russell rejoint Hans Halvorson pour qui le fait que la science fonctionne est davantage compatible avec une vision théiste de l'univers qu'une vision athée. Russell observe : « D'un point de vue philosophique, c'est le christianisme qui m'explique le mieux pourquoi la science fonctionne. Je pense que les gens oublient parfois cela. Sans un Dieu créateur, il n'y a aucune raison pour laquelle nous devrions nous attendre à ce que la science fonctionne si bien ». Russell accorde évidemment beaucoup d'importance à l'étude scientifique mais il estime qu'il y a plus important encore : « Considérer ce que Jésus affirme et y réfléchir sérieusement, voilà la chose la plus importante que chacun de nous puisse faire ».

Je connais des dizaines de professeurs de sciences, des hommes et des femmes à la pointe de la recherche qui, comme Russell, croient aussi que Dieu a créé toutes choses et qu'elles subsistent grâce à lui. Certains d'entre eux ont grandi dans des familles chrétiennes. D'autres ont été élevés sans la foi, mais ont commencé à suivre Jésus à l'âge adulte. C'est le cas par exemple de Francis Collins, qui a dirigé le projet du génome humain et qui dirige maintenant l'Institut national de la santé aux États-Unis. Leurs études scientifiques n'ont pas sapé leur foi, au contraire. Leurs découvertes scientifiques nourrissent leur adoration et leur émerveillement face au Dieu créateur de l'univers. Plus la science augmente leur savoir, plus ils s'émerveillent d'un tel Dieu. L'une de ces découvertes est ce que l'on appelle le « Big Bang ».

La « naissance virginale » de l'univers

La théorie scientifique du « Big Bang » a été proposée dans les années 1930 par un prêtre catholique belge nommé Georges Lemaître. À l'époque, elle était fortement contestée par certains physiciens athées. Honnêtement, je comprends : difficile de croire que tout l'univers ait commencé par un seul point énergétique incroyablement dense (que Lemaître appelait un « œuf cosmique »). En fait, le Big Bang doit son nom à un physicien athée qui cherchait à se moquer de cette idée. Elle semblait absurde. Elle sentait aussi un peu trop l'intervention divine : dans la Bible, Dieu a créé l'univers à partir de rien. Avant cette théorie du Big Bang, les scientifiques s'accordaient sur l'idée que l'univers avait toujours existé – ce qui concordait mieux avec l'athéisme. Comme l'a observé le célèbre physicien Stephen Hawking dans son best-seller *Une brève histoire du temps* : « Il y a eu un certain nombre de tentatives pour éviter d'en arriver à cette conclusion[25] » d'un Big Bang. Il est connu que les chrétiens ont parfois résisté à certaines avancées scientifiques, mais cet épisode montre clairement que l'autre camp n'est pas en reste !

Nous en savons plus sur la physique de l'univers depuis que Lemaître a émis son hypothèse. Nous savons, par exemple, que notre monde semble être incroyablement bien réglé. Si les lois fondamentales de l'univers étaient différentes, même d'une fraction, il n'y aurait ni étoiles, ni planètes, ni vie. Cette situation est tellement invraisemblable que certains scientifiques ont imaginé l'existence de milliards d'autres univers avec des lois différentes, et que le nôtre est juste celui qui a fonctionné. D'un point de vue chrétien, Dieu peut très bien avoir créé de multiples univers. Après tout, il a créé des milliards de galaxies, et notre toute petite planète occupe toujours une place centrale dans ses plans. Mais même s'il existait un nombre pratiquement infini d'autres univers – ce qui rendrait le « réglage millimétré » de notre univers plus acceptable par la raison – cela n'explique pas pourquoi la réalité existe. Pourquoi y a-t-il *quelque chose* plutôt que *rien* ?

Dans son dernier livre, Stephen Hawking prétend avoir répondu à cette question :

> Parce qu'une loi comme la gravitation existe, l'Univers peut se créer et se créera spontanément à partir de rien [...]. La création spontanée est la raison pour laquelle il existe quelque chose plutôt que rien, pourquoi l'Univers existe, pourquoi nous existons. Il n'est nul besoin d'invoquer Dieu pour qu'il allume la mèche et fasse naître l'Univers[26].

Pourquoi ce qui existe existe-t-il ? À bien le relire, Hawking ne répond pas vraiment à la question. Comme le souligne le physicien agnostique Paul Davies, la « création spontanée » de Hawking dépend de l'existence de lois éternelles, immuables et transcendantes « qui existent par hasard et doivent simplement être acceptées comme allant de soi ». Davies observe que ces lois « ont un statut similaire à celui d'un Dieu transcendant et inexpliqué[27] ». En d'autres termes, Hawking soutient que les réalités physiques dépendent de réalités éternelles et non-physiques : c'est ce que les chrétiens affirment depuis toujours !

La vision chrétienne de Dieu ne s'arrête cependant pas là. Selon la Bible, Dieu ne s'est pas contenté « d'allumer la mèche » de l'univers et de se mettre à l'écart – un peu comme ce que fait mon mari lorsqu'il allume un feu d'artifice pour mes enfants le soir du Nouvel An. Dieu dirige l'univers du début à la fin. Il se soucie du monde qu'il a créé. Il se soucie des personnes qu'il a créées – de vous et de moi. Nous savons cela parce que Noël nous le rappelle chaque année. Jésus est né pour être « Emmanuel », ce qui signifie : « Dieu avec nous » (Matthieu 1 : 22-23). Le Dieu éternel, tout là-haut, celui qui a le pouvoir de créer des milliards d'étoiles et de planètes, est devenu un petit bébé ici-bas. Il est né pour vivre avec nous et pour mourir pour nous. Pourquoi ? Parce qu'il nous aime. Nous ne pouvons que l'adorer en retour.

Que penser de cette histoire d'étoile ?

Aujourd'hui, l'observation des astres conduit certains scientifiques à adorer Jésus. Ce n'est pas nouveau. Dans son Évangile, Matthieu parle d'un groupe d'astronomes, les mages, qui ont été conduits à adorer Jésus grâce à une étoile. Avec la naissance virginale, c'est l'autre défi que pose l'histoire de Noël à la science. Comment cela s'est-il produit exactement ?

En fait, nous n'en savons rien ! Diverses théories ont été avancées en parlant de comètes, de supernovas ou d'alignements de planètes (dont nous avons quelques traces dans la période qui correspond à la naissance de Jésus). Mais, comme pour la naissance virginale, s'il existe un Dieu qui a créé l'univers, cette histoire n'est pas irrationnelle. Nous pouvons logiquement croire qu'il a pu guider les mages au moyen d'une étoile. En fait, certains astronomes parmi les plus renommés au monde croient aux récits des Évangiles, non pas parce qu'ils en ont les preuves scientifiques, mais parce qu'ils croient en Jésus. Savez-vous comment s'appelle cette astronome chrétienne de premier plan, qui occupe le poste de scientifique principale pour le projet du télescope spatial Hubble de la NASA ? Elle s'appelle Jennifer Wiseman*... Cela ne s'invente pas ! Mais si Dieu a *bel et bien* guidé les mages du premier siècle grâce à une étoile, ce n'est pas la chose la plus extraordinaire de l'histoire de Noël.

Jonathan Feng est professeur de physique et d'astronomie à l'université de Californie à Irvine. Ses recherches révolutionnaires nous mènent vers ce qui pourrait être une nouvelle force fondamentale qui changerait complètement notre compréhension de l'univers. Cette force relierait la matière que nous connaissons déjà à l'insaisissable « matière noire » qui semble constituer la majeure partie du cosmos. Le professeur Feng en sait plus sur l'astronomie que je n'en saurai jamais et voici comment il nous invite à découvrir le miracle de Noël : « Ce qui est vraiment extraordinaire dans la foi chrétienne, c'est l'idée que le Dieu qui a créé l'univers, des quarks aux galaxies, se soucie aussi suffisamment

---

* NdT : « wiseman » (litt. : homme sage) est le terme anglais du récit de Noël traduit la plupart du temps par « mage ».

de nous pour naître sous la forme d'un être humain, et pour souffrir et mourir afin d'apporter pardon et vie nouvelle aux personnes brisées ».

Choisissez votre miracle

L'histoire de Noël a mis à rude épreuve la volonté de croire de ma fille de quatre ans. Mais certains des plus grands scientifiques du monde croient en la véracité de cette histoire. Comme nous l'avons vu, sans Dieu, l'existence même de la réalité demeure un mystère inexplicable. Si ce que dit le christianisme est vrai, nous pouvons lever les yeux et nous demander pourquoi le Dieu qui a créé les galaxies se soucie aussi de vous et de moi (Psaumes 8 : 4-5). Par contre, s'il n'y a pas de Dieu, nous ne pouvons que lever les yeux en nous demandant si nos vies ont un sens quelconque.

Comme le dit l'auteur et conférencier australien Glen Scrivener : « Les chrétiens croient en la naissance virginale de Jésus. Les athées croient à la naissance virginale de l'univers. Choisissez votre miracle ».

4 Pourquoi est-ce important?

« Lorsque tu te réveilleras, Amy, [...] tu ne te souviendras même pas de moi. Enfin, un tout petit peu, quand même. Je ne serai qu'une histoire dans ta tête. Mais c'est pas grave, on est tous des histoires, finalement. Fais en sorte que ça reste une belle histoire[28] ». Telles sont les paroles que le Docteur Who, lors d'un voyage dans le temps, adresse à la petite Amy Pond de sept ans alors qu'elle est endormie. L'Amy adulte a voyagé avec le Docteur. Mais la fissure dans son mur a fini par déconstruire la réalité. Le monde ne peut être sauvé que si le Docteur redémarre l'univers et se sacrifie. Lorsqu'il le fera, toutes les aventures qu'Amy a vécues avec lui seront annulées. Il remonte donc dans le temps pour lui dire au revoir. Il ne sera bientôt plus qu'une histoire dans sa tête.

Jusqu'à présent, j'ai soutenu que Noël *n'est pas* seulement une belle histoire dans nos têtes, mais un événement *véridique*, qui a vraiment eu lieu. Nous avons analysé les preuves de l'existence historique de Jésus et de la fiabilité des récits des Évangiles à son sujet. Nous avons aussi démontré que les miracles dépeints dans ces textes n'ont pas été réfutés par la science. Ce dernier chapitre répond à la question suivante : qu'est-ce que cela change si les affirmations de la Bible à propos de Jésus sont vraies ou pas ? Nous verrons que si l'histoire de Jésus n'est *pas* vraie, si elle n'existe que dans la tête de certaines personnes, nous ne perdons pas seulement la magie de Noël : nous perdons tout ! Nous perdons la vie et le sens de la vie. Nous perdons le bien et le mal. Vous comme moi.

Une histoire de l'humanité... sans Dieu

Dans son best-seller mondial, *Sapiens : Une brève histoire de l'humanité*, l'historien israélien Yuval Noah Harari raconte l'histoire de l'humanité depuis ses débuts. S'il rejette les affirmations du christianisme, il en reconnaît néanmoins l'influence. Il affirme que nos croyances morales les plus profondes aujourd'hui ne vont pas de soi. Nous croyons par exemple à l'égalité ou l'universalité des droits humains mais cela n'est pas une vérité évidente. Ce sont des croyances bibliques : « L'idée d'égalité est inextricablement mêlée à celle de création [...]. Si nous ne croyons pas aux mythes chrétiens sur Dieu, la création et les âmes, que signifie "tous les hommes sont égaux"[29] ? ».

Que vous croyiez ou non en Dieu, j'imagine que vous adhérez à l'idée des droits de l'homme. J'imagine que vous croyez que le racisme est inacceptable, que les femmes ont autant de valeur que les hommes, que le viol est un mal et que les riches ne doivent pas opprimer les pauvres. Mais posez-vous cette question : *pourquoi ?* Si Dieu n'existe pas, ces affirmations ne sont pas des faits moraux : ce sont des opinions. Si Dieu n'existe pas, alors, comme le dit Harari, « Homo sapiens n'a pas de droits naturels, pas plus que n'en ont les araignées, les hyènes et les chimpanzés[30] ».

L'historien britannique Tom Holland fait le même constat, en 2019, dans son livre *Dominion : How the Christian revolution remade the world* [Domination : comment la révolution chrétienne a refait le monde]. Holland a cessé de croire en Dieu lorsqu'il était enfant. Il était bien plus attiré par les dieux grecs et romains que par le héros crucifié du christianisme. Mais après des années de recherche, Holland s'est retrouvé attiré par Jésus. Pourquoi ? Parce qu'il a compris qu'un grand nombre de valeurs auxquelles il tient dépendent justement de ce Christ crucifié. Il croit à l'égalité et aux droits de tous les humains ainsi qu'à l'égalité hommes-femmes. Il défend l'amour des étrangers et pense que les pauvres, les faibles et les marginaux méritent notre attention. Toutes ces valeurs sont spécifiquement *chrétiennes*. L'histoire le démontre : ce n'est qu'avec la propagation du christianisme que ces idées ont été généralement acceptées. Les Grecs et les Romains de l'Antiquité se seraient moqués d'elles.

Bloc Jenga ou goupille de grenade ?

Les historiens sont formels : nos fondements moraux proviennent bien du christianisme. Pour autant, nous pourrions être tentés de conserver ces valeurs tant estimées tout en écartant doucement les affirmations concernant Jésus lui-même, n'est-ce pas ? Un peu comme dans ce jeu d'adresse, le Jenga, où l'on doit retirer un bloc en bois de l'étage inférieur en évitant que toute la tour ne s'écroule. Notre société est tentée de penser que nous pourrions continuer d'édifier notre tour morale même après avoir complètement retiré le « bloc » Dieu. Mais ceux qui retirent Jésus de notre structure morale ne sont pas en train de faire doucement glisser un bloc de Jenga : ils sont en train de retirer la goupille d'une grenade ! Résultat : tout explose. Et nous ne perdons pas seulement la moralité, mais aussi le sens de notre vie. Comme l'explique Harari :

> D'un point de vue scientifique, pour autant qu'on puisse le dire, la vie humaine n'a absolument aucun sens. Les hommes sont le résultat de processus évolutifs aveugles qui n'ont ni fin ni but. Nos actions ne

> relèvent pas d'un plan divin cosmique. [...] Dès lors, *tout* sens donné à la vie n'est qu'une illusion[31].

La vie a-t-elle un sens à vos yeux ? Peut-être que oui. Peut-être que votre réflexe est de vous accrocher aux choses qui vous donnent *l'impression* d'avoir du sens. Mon intuition est qu'au fond, tout le monde *espère* que Harari a tort. Si Dieu n'existe pas, alors la réalité de nos vies a de quoi nous inquiéter : nous vivons, nous mourons et, comme les milliards d'*homo sapiens* qui nous ont précédés, nous sommes oubliés.

Dans le film Netflix *The Dig*, l'archéologue Basil Brown fouille un extraordinaire site anglo-saxon sur les terres d'Édith Pretty. Au cours des fouilles, Édith découvre qu'elle va bientôt mourir. L'enquête sur les vestiges archéologiques la laisse en larmes, car elle ressent le poids de sa propre mortalité. Elle et Basil échangent ces mots :

> Édith : Nous mourons. Nous mourons et nous nous décomposons. Rien ne survit.
>
> Basil : Je crois que je ne suis pas d'accord. Depuis la première empreinte de main trouvée dans une caverne, nous faisons tous partie d'une formidable continuité. Donc non... nous ne mourons pas complètement.

C'est le genre de choses qu'on se dit pour atténuer la douleur. Mais en fin de compte, Édith a raison : si Dieu n'existe pas, nous mourons et nous nous décomposons.

Nous ne vivons pas. Le sens que nous donnons à notre vie n'est qu'une illusion, comme si nous écrivions sur la surface de l'eau. Sans compter que les philosophes athées affirment de plus en plus souvent que le sentiment d'identité individuelle – le sentiment que vous êtes *vous* et que je suis *moi* – est également une illusion. Selon eux, ce sentiment ne résulte que de processus chimiques à l'intérieur de notre cerveau.

La science doit-elle nécessairement nous amener à de telles conclusions ? Non. Comme nous l'avons vu, de nombreux scientifiques de premier plan possèdent également une foi chrétienne solide. Analyser la vie humaine sous l'angle purement scientifique et en conclure qu'elle n'a aucun sens, c'est comme analyser scientifiquement ce livre et en conclure qu'il n'est qu'encre et papier. Si nous supprimons Dieu de l'équation, Harari a raison : la moralité et le sens, l'identité et les droits de l'homme « sont des fictions nées de notre imagination fertile[32] ».

Alors, quelle est l'alternative ?

La lumière brille dans l'obscurité

L'Évangile selon Jean ne mentionne pas la naissance de Jésus. Il commence bien plus tôt : avant la naissance de l'univers lui-même. L'étonnante introduction de Jean présente un personnage qu'il appelle « la Parole » :

> Au commencement était celui qui est la Parole de Dieu. Il était avec Dieu, il était lui-même Dieu. Au commencement, il était avec Dieu. Dieu a tout créé par lui ; rien de ce qui a été créé n'a été créé sans lui. En lui résidait la vie, et cette vie était la lumière des hommes. La lumière brille dans les ténèbres et les ténèbres ne l'ont pas étouffée.
>
> JEAN 1:1-5

Cette « Parole » *était* Dieu et elle était *avec* Dieu depuis le tout début. À mesure que Jean développe son récit, nous découvrons que cette « Parole », c'est Jésus. Tel une tornade, Dieu est venu toucher terre en se faisant chair. Mais il n'est pas descendu pour apporter mort et destruction : il est venu apporter la vie !

Selon la Bible, il n'existe qu'un seul Dieu, mais en trois personnes : Père, Fils et Esprit. Ils ont toujours coexisté dans un amour parfait. Mais à un moment précis de l'histoire, Dieu le Fils s'est fait homme : Jésus-Christ (Jean 1 : 17), le « Fils unique envoyé par son Père » (v. 14). Selon Jean, Jésus est la Parole éternelle de Dieu. Autrement dit, il est la grande histoire que Dieu raconte depuis toujours, bien avant que l'univers ne sorte de son œuf cosmique. C'est lui le contre-argument à cette vision d'un monde vide de sens. Il est la lumière qui brille dans les ténèbres.

Face au sombre hiver d'un monde sans Dieu, Jean raconte une histoire dans laquelle nos vies font partie d'un plan cosmique :

> Celle-ci était la véritable lumière, celle qui, en venant dans le monde, éclaire tout être humain. Celui qui est la Parole était déjà dans le monde, puisque Dieu a créé le monde par lui, et pourtant, le monde ne l'a pas reconnu. Il est venu chez lui, et les siens ne l'ont pas accueilli. Certains pourtant l'ont accueilli ; ils ont cru en lui. À tous ceux-là, il a accordé le privilège de devenir enfants de Dieu. Ce n'est pas par une naissance naturelle, ni sous l'impulsion d'un désir, ou encore par la volonté d'un homme, qu'ils le sont devenus ; mais c'est de Dieu qu'ils sont nés. Celui qui est la Parole est devenu homme et il a vécu parmi nous.
>
> JEAN 1:9-14

Jean présente Jésus à la fois comme l'auteur et comme le personnage central du récit. Jésus, c'est l'auteur de la pièce qui monte lui-même sur scène. Le Dieu qui a créé l'univers visite en personne notre planète reculée pour faire de nous ses enfants. Mais au lieu d'être acclamé, il est rejeté. Au lieu d'être adoré, il est exécuté. Et cela n'avait rien d'un tragique accident. C'était écrit dès le départ dans le scénario. Mais pourquoi ?

La réponse est la meilleure et la pire des nouvelles de tous les temps. Voyez-vous, s'il existe un Dieu qui nous a créés et qui nous aime, c'est une merveilleuse nouvelle. Cela signifie que nos vies *ont* un sens, que le bien et le mal existent et que la justice et l'amour finiront par l'emporter. Nous ne sommes pas de simples épaves flottant dans un cosmos sans but.

Nous sommes précieux. Mais selon la Bible, c'est aussi une nouvelle terrifiante, car Jésus n'est pas venu sauver seulement ses contemporains de leurs péchés. Nous avons tous besoin d'être sauvés de nos péchés et du jugement de Dieu que nous méritons.

La pire nouvelle

On présente parfois Jésus, incarnation de l'amour et du pardon, comme l'antidote du Dieu de la colère et du jugement de l'Ancien Testament. Il est vrai que, dans les Évangiles, Jésus déborde d'amour et de pardon. Cependant, il met aussi ses auditeurs en garde contre le jugement de Dieu, et cela à maintes reprises. Il compare ce jugement au feu (Luc 16 : 19-31), aux ténèbres (Matthieu 22 : 13), à la faim (Luc 6 : 25), à une soif insatiable (Luc 16 : 24). Il le compare aussi au sentiment d'être exclu d'une fête splendide (Matthieu 25 : 1-12), ou à celui d'être enfermé dans une prison sans espoir (Matthieu 18 : 34). Dans les Évangiles, Jésus est celui qui subit le jugement à notre place, mais il est aussi le Juge (Matthieu 25 : 31-46). Il est venu lors du premier Noël pour guérir la « fissure » de l'univers, cette déchirure qui traverse chaque cœur et chaque foyer humain : le *péché*.

Certains d'entre nous avons une conscience aiguë de notre péché, même si nous n'employons pas ce terme. Nous savons que s'il existe un Dieu qui connaît nos pensées, nos paroles et nos actes, ce n'est pas une bonne nouvelle pour nous ! À vrai dire, nous avons moins de mal à croire qu'un tel Dieu puisse pointer du doigt notre échec moral plutôt que de croire qu'il nous aime assez pour vouloir mourir pour nous. Si c'est ce que vous ressentez, j'en suis heureuse ! Je n'ai pas écrit un livre de développement personnel pour vous persuader que vous pouvez vous en sortir par vous-même. Vous ne le pouvez pas. Moi non plus. Mais savez-vous à qui Jésus faisait bon accueil ? À ceux qui se savaient indignes de Dieu. Savez-vous avec qui Jésus aimait passer le plus clair de son temps ? Avec ceux qui se considéraient trop mauvais pour qu'on s'occupe d'eux, ceux qui se pensaient trop abîmés, irrécupérables. Lorsque les chefs religieux ont reproché à Jésus de passer du temps avec les « pécheurs », il a répondu ceci : « Ce ne sont pas ceux qui sont en bonne santé qui ont besoin de médecin, mais les malades. Je ne suis pas venu appeler des justes, mais des pécheurs à la repentance » (Luc 5 : 31-32). Les religieux avaient un problème : ils ne comprenaient pas qu'ils étaient eux aussi des pécheurs.

Il en est de même aujourd'hui. Certains d'entre nous reconnaissent facilement que nous sommes des pécheurs, mais d'autres en doutent. Vous avez peut-être le sentiment d'être naturellement bon. Certes, pas parfait, mais pas non plus un pécheur qui mérite le jugement de Dieu. Si c'est là votre première réaction, permettez-moi de vous demander ceci : comment vous sentiriez-vous si d'autres personnes connaissaient vos pensées ?

Aucun filtre

Dans un épisode de *Dr House*, le diagnosticien chevronné fait face à un patient nommé Nick. En raison d'une maladie rare, il est totalement désinhibé et dit tout ce qu'il pense. Son seul espoir de guérison est une opération complexe à proximité de son tronc cérébral. House lui explique : « La moindre erreur pourrait vous tuer. Même si vous survivez, vous pourriez ne plus jamais pouvoir respirer par vous-même ». Malgré les risques, Nick veut être opéré. Pourquoi ? Parce que le fait d'exprimer constamment ses pensées est en train de détruire sa vie.

Si j'étais Nick, je ferais le même choix. Si je disais tout ce que je pense au cours d'une seule journée, je perdrais tous mes amis. Toutes mes pensées ne sont pas mauvaises. Mais beaucoup le sont (même au sujet de ceux que j'aime le plus) et elles anéantiraient ma vie sociale si je les exprimais. Si vous et moi étions dans la position désagréable de Nick, tout serait exposé au grand jour : notre égoïsme, notre jalousie, notre méchanceté et nos pensées immorales. La mauvaise nouvelle est que Dieu connaît nos pensées. Il entend nos paroles et il voit nos actes. Il voit les mauvais traitements que nous infligeons aux autres. Il voit à quel point nous le rejetons, à quel point nous nous sommes endurcis à son égard.

Cependant, notre péché est-il si grave ?

J'ai du mal à croire que je puisse un jour faire une chose *vraiment* horrible, comme commettre un meurtre. Le problème, c'est que je n'ai jamais été mise à l'épreuve. Une chose m'a vraiment frappée dans la série policière *Broadchurch* : lorsque les meurtriers sont révélés, on découvre qu'ils n'avaient jamais l'intention de tuer. Les choses avaient dégénéré et ils en étaient venus au meurtre pour couvrir d'autres fautes. Cela donne à réfléchir. Cela rappelle un des enseignements de Jésus les plus difficiles à entendre. Pour lui, il n'y a pas de frontière nette entre vous ou moi et un meurtrier (Matthieu 5 : 21-22). Face à Jésus, nous sommes tous totalement coupables. Nous pensions que notre moralité se portait bien, et voilà que Jésus annonce que nous sommes spirituellement malades à en mourir. C'est la douche froide, c'est comme apprendre qu'on a un cancer alors qu'on se sent en pleine forme. C'est une terrible nouvelle. Mais ce n'est pas la fin de l'histoire.

Le Docteur meurt

Dans la série *Docteur Who*, à un moment critique de l'épisode « La Pandorica s'ouvre », le Docteur trouve un moyen de sauver le monde. Il peut redémarrer l'univers. Il lui suffit de... se gommer lui-même.

Il fait ce choix à maintes reprises et de différentes manières dans la série. Il se sacrifie pour sauver l'univers. Ou pour sauver ne serait-ce qu'une seule vie. Le Docteur est « l'homme qui peut mettre une armée en déroute à la seule mention de son nom[33] ». Il refuse néanmoins d'utiliser la force. Il prend toujours soin des laissés-pour-compte et en 900 ans de voyage à travers le temps et l'espace, il n'a « jamais rencontré quelqu'un qui n'était pas important[34] ». J'aime regarder ce Docteur de fiction. Il est brillant, la vie émane de lui, il sauve le monde. J'aime le regarder parce qu'il me rappelle un vrai Docteur.

Jésus a toujours fait bon accueil à ceux que la société rejette. Il a protégé les faibles, guéri les malades et nourri les pauvres. Il a ouvert les bras aux prostituées, touché les lépreux et pris les enfants dans ses bras. Bien qu'il soit le roi promis par Dieu, il « n'est pas venu pour se faire servir, mais pour servir et donner sa vie en rançon » (Matthieu 20 : 28). Le Fils de Dieu est né pour mourir : pour sauver son peuple de ses péchés (Matthieu 1 : 21).

Environ trente-trois ans après sa naissance à Bethléhem, Jésus est mort sur une croix, à l'extérieur de Jérusalem. À première vue, ce sont les chefs religieux et les autorités romaines qui avaient prévu de le faire crucifier. Mais Jésus l'avait aussi planifié. Sur la croix, il s'est sacrifié pour nous sauver du jugement que nous méritons. Jésus est la seule personne au monde dont les pensées, les paroles et les actes n'ont été que bonté. Malgré cela, il a volontairement pris la punition que je méritais, que vous méritiez, à cause de toutes nos pensées, nos paroles et nos actes mauvais. Mais la mort de Jésus n'était pas la fin de l'histoire. Trois jours plus tard, son tombeau était vide, et il est apparu à ses disciples, vivant. Jésus est ressuscité une fois pour toutes. Il a affronté la mort pour la vaincre. Il a payé pour nos péchés afin que nous n'ayons pas à le faire. Il est le grand Docteur, venu pour ceux qui se savent malades. Il a donné sa vie pour nous guérir. Il connaît nos pensées secrètes et notre honte la plus profonde, et pourtant il nous aime... au point de mourir et de ressusciter pour nous. Il est « Emmanuel » ou « Dieu avec nous » (Matthieu 1 : 23). Et tout ce que nous avons à faire, c'est de lui faire confiance.

Faites-en une belle histoire

L'histoire de Jésus est la plus magnifique des histoires. C'est aussi une nouvelle extraordinaire. Et surtout, elle est vraie. Nous ne sommes pas le jouet d'une illusion lorsque nous adhérons à l'histoire de Jésus. C'est, au contraire, la chose la plus authentique qui puisse nous arriver. Nous ne faisons pas que vivre, mourir et tomber dans l'oubli. Avec Jésus, nous vivrons, nous mourrons et nous revivrons dans son nouveau monde. Quels que soient les tours et détours de votre histoire, quel que soit votre sentiment d'impuissance aujourd'hui, quelle que soit la tristesse du Noël que vous vivez peut-être cette année, faites confiance à Jésus. Laissez-le écrire votre histoire. La fin sera plus merveilleuse que tout ce que vous oseriez imaginer. Il nous faut pour cela cesser de prétendre que nous sommes le héros de notre histoire et admettre que nous ne méritons pas une fin heureuse. En fait, nous sommes le méchant insoupçonné. Puis, par un coup de théâtre incroyable, voilà que le héros de l'histoire nous aime.

Avez-vous le sentiment aujourd'hui que quelqu'un sait tout de vous et vous aime profondément ? Jésus est la seule personne qui connaisse tout de vous : vos pensées, vos craintes, vos péchés, votre honte. Et pourtant, il vous aime tellement qu'il a donné sa vie pour vous. Mon chant de Noël préféré est celui de Christina Rossetti, une poétesse du 19e siècle. Son dernier couplet dit ceci :

> Que puis-je lui donner, pauvre comme je suis ?
> Si j'étais un berger, j'apporterais un agneau ;
> Si j'étais un mage, je ferais ma part ;
> Mais ce que je peux lui donner, c'est mon cœur.

Jésus donne la vie, gratuitement. Mais pour la recevoir, vous devez donner votre cœur.

Lorsque nous recevons ce cadeau, il ne change pas seulement notre vie après la mort. Il change aussi notre vie maintenant. Il ne résoudra pas tous vos problèmes.

Comme la vie avec le Docteur, la vie avec Jésus implique beaucoup de risques et de souffrances, de la peur et une course difficile. Mais nous courons avec joie, sachant que notre fin heureuse a déjà été planifiée par le grand scénariste de l'univers lui-même. Ce Noël, laissez à Jésus le soin d'écrire la suite de votre histoire. Rappelez-vous : si finalement nous sommes tous des histoires, faites en sorte que la vôtre soit belle.

Notes de chapitres

[1] URL : https://talkingjesus.org/research-from-the-course (consulté le 26/6/2021).

[2] Bart Ehrman, *Did Jesus Exist ? The Historical Argument for Jesus of Nazareth* [Jésus a-t-il existé ? L'argument historique en faveur de Jésus de Nazareth], New York : HarperOne, 2012, p. 4 (trad. libre).

[3] *Ibid.*, p. 4 (trad. libre).

[4] Bart Ehrman, *Truth and fiction in the Da Vinci code* [Vérité et fiction dans *Da Vinci code*], Oxford : Oxford University Press, 2004, p. 102 (trad. libre).

[5] Flavius Josèphe, *Antiquités juives*, 20 : 200 (écrites vers 93 apr. J.-C.). Un autre passage du livre de Josèphe parle plus longuement de Jésus, mais les spécialistes s'accordent à dire qu'il s'agit probablement d'un produit d'une altération chrétienne ultérieure, aussi nous l'ignorerons pour nos besoins.

[6] Voir Marc 6 : 3 ; Matthieu 13 : 55 ; Galates 1 : 19.

[7] TACITE, *Annales*, 15 : 44. Cité dans l'excellent petit livre de Peter WILLIAMS, *Les Évangiles sont-ils fiables ?*, Lyon : Éditions Clé, 2020, p. 16.

[8] Cité dans Peter WILLIAMS, *op. cit.*, p. 21 (trad. libre).

[9] *Ibid.*, p. 21 (trad. libre).

[10] Cette citation est tirée du livre d'Origène, père de l'Église du 3e siècle, *Contra Celsum*, III, 44. URL : https://docplayer.fr/82306668-Le-discours-veritable-de-celse.html (consulté le 23/6/2021).

[11] Cité dans Peter WILLIAMS, *op. cit.*, p. 22.

[12] Pour plus d'informations à ce sujet, voir « Que sont les quatre Évangiles ? », *Ibid.*, p. 31-41.

[13] Pour en avoir la preuve, voir « Les auteurs des Évangiles maîtrisaient-ils leur sujet ? », *Ibid.*, p. 45-82.

[14] Pour un résumé des problèmes et de toutes les solutions possibles, voir Darrell BOCK, Luke 1 : 1 – 9 : 50, Grand Rapids, Baker Academic, 1994, p. 903-909.

[15] Richard DAWKINS, *Outgrowing God* [Dieu aux oubliettes], New York : Random House, 2019, p. 28 (trad. libre).

[16] Richard BAUCKHAM, *Jesus and the eyewitnesses* [Jésus et les témoins oculaires], Grand Rapids : Eerdmans, 2008, p. 6 (trad. libre).

[17] J. K. ROWLING, *Harry Potter et la coupe de feu*, Paris : Gallimard Jeunesse, chap. 27, 2020, p. 355.

[18] Richard DAWKINS, *op. cit.*, p. 25 (trad. libre).

[19] *Ibid.*, p. 26 (trad. libre).

[20] Au sujet des femmes citées comme témoins de la résurrection de Jésus dans les différents Évangiles, Bauckham écrit : « La liste diffère d'un Évangile à l'autre. Ces divergences ont souvent conduit à décrédibiliser ces femmes comme témoins oculaires. C'est l'inverse qui devrait se produire. Quelle est la façon correcte de comprendre ces divergences ? Ces divergences démontrent le soin scrupuleux avec lequel les Évangiles présentent les femmes comme des témoins ». BAUCKHAM, *op. cit.*, p. 49 (trad. libre).

[21] Sondage sur les religions mondiales, par le Pew Research Center (2010), cité dans Eleanor ALBERT, "Christianity in China" [Le christianisme en Chine], Council on Foreign Relations, 9 mars 2018. URL : www.cfr.org/backgrounder/christianity-china (consulté le 6/6/2021). Voir aussi « Prison Sentence for Pastor Shows China feels threatened by spread of Christianity, experts say » [Une peine de prison contre un pasteur montre que la Chine se sent menacée par la montée du christianisme, selon les experts], Time, 2 janvier 2020. URL : https://time.com/5757591/wang-yi-prison-sentence-china-christianity (consulté le 6/6/2021).

[22] Voir « The future of world religions : population growth projections, 2010–2050 » [L'avenir des religions mondiales : projections de croissance de la population, 2010–2050], Pew Research Center, 2 avril 2015. URL : www.pewforum.org/2015/04/02/religious-projections-2010-2050 (consulté le 6/6/2021).

Voir « Size and Projected Growth of Major Religious Groups, 2015-2060 », Pew Research Center, 3 avril 2017. URL : www.pewforum.org/2017/04/05/the-changing-global-religiouslandscape/pf-04-05-2017-projectionsupdate-00-07 (consulté le 6/6/2021).

23 Voir Hans HALVORSON, « Why methodological naturalism » [Pourquoi le naturalisme méthodologique], dans Kelly CLARK (éd.), *The blackwell companion to Naturalism* [Guide Blackwell du naturalisme], Hoboken (États-Unis) : Wiley-Blackwell, 2016.

24 Citation d'une lettre de Kepler au chancelier bavarois Herwart von Hohenburg, 9 et 10 avril 1599, rassemblé dans Carola BAUMGARDT et Jamie CALLAN, *Johannes Kepler : Life and Letters*, New York : Philosophical Library, 1953, p. 50 (trad. libre).

25 Stephen HAWKING, *Une brève histoire du temps*, Paris : Flammarion, p. 60.

26 Stephen HAWKING et Leonard MLODINOW, *Y a-t-il un grand architecte dans l'univers ?*, Paris : Odile Jacob, 2011, p. 180 (trad. libre).

27 Paul DAVIES, « Stephen Hawking's big bang gaps » [Les lacunes du big bang de Stephen Hawking], *The Guardian*, 4 septembre 2010. URL : www.theguardian.com/commentisfree/belief/2010/sep/04/stephen-hawking-big-bang-gap (consulté le 23/6/2021).

28 *Docteur Who*, « La Pandorica s'ouvre (2e partie) », saison 5 de la deuxième série (saison 31), épisode 13.

[29] Yuval Harari, *Sapiens : Une brève histoire de l'humanité* [epub], Paris : Albin Michel, 2015, p. 431.

[30] *Ibid.*, p. 318.

[31] *Ibid.*, p. 1121-1122 (italique ajouté).

[32] *Ibid.*, p. 93.

[33] *Docteur Who*, « La retraite du démon », 2011, saison 6, épisode 7.

[34] *Docteur Who*, « Le fantôme des Noëls passés », saison 6, épisode spécial, 2010.